AD LUMEN PRESS

American River College

Face to Face with Dreams

poetry

Ziaeddin Torabi

Translated by Parisa Samadi

Ad Lumen Press | Sacramento | 2015

Face to Face with Dreams was originally published in Farsi in the following edition:

Ghapar Publication
Tehran: 09121960214-88899680
First edition 2008
ISBN 978-964-7790-96-3

"Different" was originally published in Clade Song

For information address Ad Lumen Press
American River College | 4700 College Oak Drive, Sacramento, CA 95841
www.adlumenpress.com
Part of the Los Rios Community College District

Library of Congress Cataloging-in-Publication Data

Turabi, Ziya' al-Din.
  [Poems. Selections. English]
  Face to face with dreams : poetry / Ziaeddin Torabi ; translated by Parisa Samadi. — First US edition.
       pages cm
  Includes bibliographical references.
  ISBN 978-0-9911895-6-4 (trade pbk.) — ISBN 978-0-9911895-7-1 (kindle)
  I. Samadi, Parisa, 1964- editor. II. Title.
  PK6562.3.U84A2 2015
  891'.5514 — dc23

                                    2015009079

First US Edition 2015

Face to Face with Dreams

فهرست

Introduction

Before writing about my poems as a modern Iranian poet who writes in free verse, I would like to have a glance at the history of modern poetry in Iran.

Since the early 1900's, a new style of poetry has developed in Iran. Nima Yushij, the father of modern Iranian poetry, pioneered this style. Yushij was influenced by the international poets of his time, especially the French. He created a new style that did not have the limitations of classical Iranian poetry.

In 1921, Yushij published his first tradition-breaking poem, "Afsaneh," or "Legend." He was met by a hostile community of poets and writers who rejected his work even though this poetry was not so different from their traditional poetry. It contained rhyme and rhythm, like the classical styles, and in each five-line stanza only the fifth was free and without rhyme. However, it was the first Iranian poetry to be written in stanzaic form with a dramatic subject. The romantic theme of the poetry, the one free line in each stanza, and the literary language were enough to make it unacceptable, especially to the poets invested in the classical, traditional form. Nevertheless, Nima Yushij continued his work and 16 years later, in 1937, he published two new poems that were completely different from his previous pieces and from traditional Iranian poetry. The poetic style of these became known as "blank verse" or "new poetry" in Iran. Newer poets gained inspiration from Nima Yushij's groundbreaking works and helped create an environment for the development of new styles of poetry in Iran.

One of these newer poets, Ahmad Shamlou, furthered the

development of modern poetry by eliminating the use of meter. Later poets gained inspiration from Shamlou, but again, mainstream poets rejected these new works. For this reason, most textbooks and magazines continued to publish traditional forms of poetry.

As a result, I grew up only exposed to the classical poems of Ferdowsi, Saadi, Hafiz, and others. When I first began writing poems, I too resorted to the traditional styles of rhymed metric poems. However, after I was exposed to new styles of poetry, I began to experiment with blank verse and free verse. Thus, my inspiration to write poetry began from this era.

I would like to explain that as a young man I never read my poems to anyone or consulted anyone for help. I did not have teachers review my work but gained inspiration and technical knowledge from the experience of past masters and teachers—primarily through their written works.

When I entered university, I became friends with several young poets, and we formed a small poetry assembly of sorts. In those assemblies, we read our work and critiqued each other, helping to develop our skills. This period lasted for a couple of years, until I published my first book in 1970, *Anxiety Beyond the Glass Walls*.

My second collection of poetry, *Thirsty Throat*, was published in 1986. The 16 years between publishing dates are reflected in my later poems. Most of the early poems were in blank verse or *Nima-ei* form. However, unlike Nima Yushij, I abandoned rhyme altogether, as I do not agree with the concept of rhyming.

From 1996 onward, I abandoned meter completely, relying on the natural sound of words to create rhythm. This style can be seen in the works *Face to Face with Dreams* and *Journey of Poems*. While in this way, these are both obviously different from my first works, they are similar in diction. My word choice is that of everyday people in the street,

in the bazaar; people who speak without ornamentation. The poems
I wrote in the 1980's, the middle part of my career, focus more on
form than diction. These poems have deeper complexity and intricacy
and are much more difficult to translate than my later poems, which
resemble human speech in their commonplace diction.

In my poems, I often use animals and other non-human characters,
which do not have precedence in Iranian poetry, and I often change
the syntax of the Farsi language. Because of this, many of my poems
contain fragments and word placement based on the importance of the
word or phrase for the poem as a whole.

My poems can be divided into three categories based on their
subject and date of publication. The first group deals with everyday
problems and relates the concern of the poet toward the world around
him. The second group includes historical poems in which the poet
looks at history with a critical eye. The third group looks at mythology
and shows the poet's attention to cultural legacy. Although I do not
completely retell stories, I play with the central concepts and characters
of these mythical tales. This analysis of my poems comes from readers'
commentary. I do not like commenting on my own poems because
I believe that each lives in its own exclusive world, without any need
for further explanation. A good poem can stand on its own. Indeed,
a poem is only complete when it is in the mind of the reader. Every
reader, with his or her own concepts, can interpret the poem differently.

Some of my poems have been translated into Chinese, Spanish,
Arabic, Turkish, and Urdu. In these cases, I was not consulted
regarding the translations prior to their publication. For this reason,
some of them are filled with mistakes. Because many homonyms exist
in the Farsi language, there are often shocking mistranslations. For
example, one of my poems contains the Farsi expression, *Bekasham* ("I
will draw"). In the written form, "I will draw" looks like *Bekosham* ("I

will kill"). The spelling is the same, but the expressions sound different. An Arabic translator made the mistake of using "I will kill" instead of "I will draw," and, because of this, the meaning of the poem was not understood.

The English translations of Mrs. Parisa Samadi are different. We consulted often and worked together to correctly convey the meanings of the poems in English. I believe that these are examples of good poetry translation, remaining true to the meanings and emotions of the originals and helping to convey these to the reader in poetic yet simple English. I would like to take this opportunity to thank her for her hard work.

Ziaeddin Torabi

Face to Face with Dreams

صداها

پس پشت همین واژه‌هاست که پنهان می‌شویم از دیدآدم‌هاو فرشته‌ها
پس پشت همین واژه ها
و هی هی می‌زنیم به اسب‌ها و اسباب بازی هامان
تا به تاخت بتازند در راه‌هایي که نمی‌دانیم به کجا
و گاه که می‌ایستیم تا نفس تازه کنیم
صداهایي می‌شنویم دور، درهم، گنگ
و نام‌هایي که انگار جایي، زمانی، شنیده‌ایم، خوانده‌ایم، دیده‌ایم
و یا در ایستگاهي، پناهگاهي
به همدیگر سفر به خیر گفته‌ایم
و آنگاه هر کدام به سمتي روانه شده‌ایم
و هي‌هي زده ایم به اسب‌ها و اسباب‌بازي‌هامان
و رفته‌ایم به سمت صداهایي که می‌شنویم دور، درهم، گنگ
تا پنهان شویم پس پشت همین واژه‌ها

The Sounds

Thus, it is behind these words that we hide ourselves from the sight of
        humans and angels
Thus, behind these words
And again, by saying *giddy up* to our horses and our toys
we urge them
to gallop on roads to unknown destinations
And when we stop to inhale
we hear sounds far, confused, and absurd
and names that
we have heard, we have read, and we have seen
somewhere, sometime in a station or a shelter
we have told each other *bon voyage*
and then, we have parted ways And again, we have said *giddy up* to our
        horses and our toys
and we have gone toward far, confused, and absurd sounds
to hide ourselves behind these words

سمفونی

کلنگ می‌خواند
درخت می‌نالد
و باد می‌موید

کلنگ می‌خواند
درخت (مکث)
و باد می‌موید.

کلنگ (مکث)
درخت می‌نالد
و باد می‌موید

کلنگ می‌خواند
درخت می‌نالد
و باد (مکث)

کلنگ (مکث)
درخت (مکث)
وباد (مکث)

Symphony of Kolang

Kolang calls
Tree moans
And the wind mourns

Kolang calls
Tree (pause)
And the wind mourns.

Kolang (pause)
Tree moans
And the wind mourns

Kolang calls
Tree moans
And the wind (pause)

Kolang (pause)
Tree (pause)
And the wind (pause)

پیش از

جهان را دور سرم می‌چرخانم وپرت می کنم به سمتی دور
حالا تو هي بگرد به دنبال خودت و
همه‌ي چيزهايي كه دوستشان داشتي

بهتر بود پيش از اين ها از خواب برمی خاستی
رویاروي آينه مي‌نشستي و
دستي مي‌كشيدي به مارهات كه روييده‌اند بر شانه
و شانه‌اي مي‌زدي بر گيسوانت

حالا دوست داري بنشينيم دور اين اجاق و
تا چاي دم بكشد گپي بزنيم و بعد
برگرديم سر جاي اولمان همان دعواي هميشگی

Before

I spin the world around my head and throw it far away
Now you run along to find yourself and
all the things you liked

It was better before,when you would wake up
sit in front of the mirror
tend the snakes that have grown on your shoulder
comb your hair

Now you like us to sit around this fire
chat till the tea brews and then
return to the start, the same usual fight

سیب

تمام راه این سیب را آورده بودم تا با تو قسمت کنم.

دو سال، ده سال، دویست سال
نمی‌دانم چقدر در راه بودم
چند اتوبوس، چند قطار و چند هواپیما عوض کردم
نه از ترس راهزنان
نه از ترس بمب‌هایي که بي‌هدفي فرودمی آمدند
و مین‌هایي که در زمین کاشته بودند تا سبز شوند
همه‌ي ترسم از دیر رسیدن بود و ندیدن تو
که نمي‌دانستم کي، کجا، چگونه
فقط مي‌دانستم که تنهایي و عینک آفتابیت را پس سرت می گذاری
و سیگارت را که ترک کرده‌اي پشت گوشت
و عادت داري سر ساعت هفت صبح سرچهارراه چه کنم بایستي
و زل بزني سمت جنوب خیاباني که از کویر می آید
و سوت بزني تا ساعت هشت صبح و بعد

همین‌ها که مي‌دانستم کافي بود تا بیابمت ولي نیافتم
و سیب آنقدر ماند تا گندید
پرتش کردم وسط چهارراه و زیر کامیوني که می رفت

The Apple

All this way, I brought this apple to share with you.

Two years, ten years, two hundred years
I do not know
how long I was on the road
how many buses
how many trains and
how many airplanes I changed
not because I was scared of bandits
not because I was scared of the bombs
which plunged blindly
or the land mines that were planted underground to sprout
All my fears came from being late
and from not seeing you
I did not know when, where, or how
I only knew that you would be alone
with your sunglasses behind your head
and your cigarette abandoned
behind your ear

انگار تو بودي كه نشسته بودي كنار راننده
و سيگاري كه دود مي‌كرد
و نمي‌دانستي
سيبي را كه زير چرخ‌هاي كاميون له شد
تمام راه با خود آورده بودم تا با تو قسمت كنم .

and you, as usual, would stand on the hesitant crossroads at seven in
        the morning
look south along the street that comes from the desert
and whistle until eight and then

• • •

I knew all these things were enough to find you
But I did not
I kept the apple so long, it became rotten
I threw it in to the crossroads under a passing truck

I guess you were there sitting
by the driver
and cigarette smoke
and you did not know
the apple that had been crushed under the truck's wheels
was the apple that all this way I brought to share with you.

کاش

وقتي پهلواني پير مي‌شود
كودكان خردسال به دنبالش مي‌افتند
سربه سرش مي‌گذارند و مي‌خندند
پهلوان بي‌چاره

وقتي شيري پير مي‌شود
گربه‌هاي بازيگوش به دنبالش مي‌افتند
از سر و كولش بالا مي‌روند و مي‌خندند
شير بي‌چاره

اي كاش نه پهلواني بود و نه شيري
و جهان جنگلي بود وحشي
با كودكان خردسال و
گربه‌هاي بازيگوش
كه از صبح تا شب به دنبال هم مي‌گذاشتند
از سر و كول هم بالا مي‌رفتند و مي‌خنديدند
كودكان و گربه‌هاي بي‌چاره

I Wish

When a warrior gets old
young children chase him
tease him and laugh
Poor warrior

When a lion gets old
the playful cats chase him
climb his head and his shoulders and laugh
Poor lion

I wish there were no warriors nor lions
and the world were a wild forest
with young children and playful cats
who from morning till night would chase each other
would climb each other and laugh
Poor young children and cats

تماشا

همین که فرش‌های جهان را پهن کنم زیر پای تو
و بنشینم به تماشا
تا بگذری و خون از زانوانت بالا رود
کافی است که عاشق باشم
در فصل میان نرگس و خاکستر
اکنون من تمام فرش‌های جهان را گرد آورده ام
تا پهن کنم زیر پای تو
و بنشینم به تماشا

کجایی که زمان می‌گذرد
و فرش‌های جهان می‌پوسند بر گستره‌ی زمین بی تو
و پاهای نازنینی
که باید تا زانو در خون فرو روند.

Watching

When I spread all the carpets of the universe under your feet
and sit watching
you walk, pass by, and the blood goes up to your knees
It is enough to become a lover
in the season between narcissus and ashes

Now I have collected all the carpets of the universe
to spread under your feet
and sit watching

Where are you as time passes
and the carpets of the universe rot on the expanded earth without you
and your gentle delicate feet
that must sink into blood to the knees.

باز

تمام راه ردپاي تو بود و
شيهه‌ي سواران

تمام راه كه باران مي‌باريد
خونابه بر خاك جاري بود
و گاه كه به ميعادگاه رسيدم
ماه بر جنازه‌ات مي‌تابيد و ستاره
بر شانه‌هاي سواراني
كه گرداگردت حلقه زده بودند

تمام راه ردپاي تو بود
كه در باران دويده بودي
تا سواران تهي‌دست برنگردند
من دير رسيده بودم

Again

All the way, there were your footprints and
the neighing of horses

All the way, as it rained
the ichor flowed onto the ground
and once we arrived at the tryst
the moon illuminated your corpse and the star
illuminated the shoulders of the horsemen
who had circled you

All the way, there were your footprints
as you ran in the rain
not to let the horsemen return empty handed
I had arrived too late

هدف

نخست کلاغ می‌بینی و بعد
کشتزاری گسترده تا دوردست
سنگی برمی‌داری و پرتاب می‌کنی به سوی کلاغ

می‌نشینی و سایه‌ات قد می‌کشد و
به شب می‌پیوندد.
کلاغ برمی‌گردد با سنگی در منقار
مکثی می‌کند در هوا و چرخ می‌زند دور سرت ونشانه می رود:
هدف سیبل‌های مقابل نیست
سبیل های قابل توست
که آویزان می‌شود
ریزان می‌شود
ریزان
تا کی دوباره کشتزار سبز شود و گسترده

Target

First, you see a crow, and then
a sown field stretching into the distance
You pick up a stone and throw it at the crow

When you sit, and your shadow lengthens and
joins the night.

The crow comes back with a stone in its beak
It pauses in the air and circles
around your head and aims at the target
The aim is not the opposing targets, *cible ha*
The aim is your magnificent moustache, *sibile ha*
which is dangling
is falling apart
falling apart
until, again, the sown field becomes green and stretched

حالا

حتماً بايد از آواز پرستو خوشم بيايدوجيغ و داد بلبل
تا شاعر باشم و تاج بر سرم بگذارند

بگذار راه خودم را بروم مرد
همين چند روز پيش بود كه پوست شاعران رامی كندندو زبانشان
حالا چي شده كه سرزده پريده‌اي وسط زندگيم و
با سيمهاي خاردار
تار ميزني كه برقصم
با سيمهاي خاردار

حالا هي همينم مانده حتماً
برگرد بگذار با بدبختي خودم بسازم و درد افغانستان
ما را همين يك لقمه نان خشك كافي است از زندگي و
همين چارديواري نمور ترك خورده اگر بگذارند
حتماً بايد از آواز پرستو خوشم بيايد و جيغ و داد بلبل

Now

Certainly I have to like the songs of swallows and the chirps of
      nightingales
to be a poet and crowned

Let me go my way, man
Just a few days ago, they fleeced the poets and took out their tongues
Now, what is going on that you have jumped into the middle of my life

With barbed wires
you play a lute to make me dance
with barbed wires

Now, certainly, I do not have to do anything else except this
Go back. Let me live my nasty life with the pain of Afghanistan
If they let us, this dried piece of bread
these four damp and cracked walls are enough for us
Certainly, I have to like the songs of swallows and the chirps of
      nightingales

مثل همین

تقصیر این اسب‌هاست که چهار نعل می‌تازند در تاریکی زمستان
و می‌آشوبند خواب دیوانگانی را
که از خواب برمی‌خیزند و زنجیرهایشان را به صدا در می‌آورند
و شهر را به لرزه وامی‌دارند
و آرامش رویاهایم را درهم می‌ریزند
تقصیر این گرگ‌هاست که به دنبال اسب‌ها می‌گذارند
تا چهار نعل بتازند از هراس در تاریکی زمستان
و بیاشوبند خواب‌های دیوانگانی را
که از خواب برمی‌خیزند و زنجیرهایشان را به صدا در می‌آورند
و شهر را به لرزه وامی‌دارند
و آرامش رویاهایم را در هم می‌ریزند

نه، نه، نه
نه تقصیر گرگ‌هاست نه تقصیر اسب‌ها و نه تقصیر دیوانه‌ها
تقصیر من است که پرده‌ها را کشیده‌ام تمام قد در ظهر تابستان
و خوابیده‌ام تا آرامش رویاهایم را احضار کنم

و زلزله در رویاهای من است
که اتفاق می‌افتد
مثل همین الان

Like This

It is the fault of these horses that gallop in the darkness of winter
and disturb the sleep of madmen
who, when they wake, rattle their chains
shake the city
and disturb the calmness of my dreams

It is the fault of these wolves that chase the horses
and scare them, making them gallop in the darkness of winter
and disturb the sleep of madmen
who, when they wake, rattle their chains
shake the city
and disturb the calmness of my dreams

No, no, no
It is not the fault of the wolves, the fault of the horses, nor the fault of
      madmen
It is my fault as I have drawn the curtain straight from the top to the
      bottom on the summer noon and have slept
to summon the calmness of my dreams

And the earthquake is in my dreams
which happens
like this moment

گردنه

همين خنده‌هاي تو و خواب‌هاي من و خميازه‌هاي ديگران است
كه مي‌چرخانند اين دروازه‌ها را
بر اين پاشنه‌هاي فرسوده در هوا

درست كه مي‌نگرم نه دروازه‌اي است
نه پاشنه‌اي
تنها هواست كه مي‌چرخد
بر لب‌هاي تو و چشمان من و گلوي ديگران
و از همين آمدن‌ها و رفتن‌هاي بيهوده است
كه دروازه‌ها به روي پاشنه مي‌چرخند
هوا را جابه‌جا مي‌كنند
تا تابوت‌ها يكي پس از ديگري بگذرند از جاده‌ي سربالايي
و بپيچند و از بالاي گردنه سقوط كنند به ته دره
و صداي خنده‌هاي تو بپيچد بلند
در خواب‌هاي من و ديگران
كه بي‌غفلتي خميازه مي‌كشند
ميان باز و بسته شدن‌هاي دروازه در هوا .

The Pass

Only your laughter, my dreams, and the yawning of others
rotate these gates
on decaying posts in the air

When I look properly, there is no gate
nor a post
Only the air rotates
on your lips, in my eyes, and in the throats of others

And it is because of these useless comings and goings
that the gates rotate around their pivots
and displace the air
to let the coffins pass one by one
upon the uphill road
turn, and from the top of the pass
fall to the bottom of the gorge
And the sound of your laughter resonates
in my dreams and in the dreams of others
who yawn without care
while the gates open and close in the air.

خودمان

باران را از کسي نخريده بوديم
از کسي وام نگرفته بوديم
خودمان چيده بوديم از آسمان
و آورده بوديم
تا در خانه در گلدان بکاريم
تو مي‌خواستي
باراني داشته باشيم از آن خودمان
مثل مبل، ميز، صندلي و فرش زير پايمان

باران را در گلدان کاشتيم
سبز شد
بزرگ شد و تمام خانه را گرفت

خانه‌امان کوچک بود
باران، ديوارها را شکست و بيرون رفت
فرش، مبل، ميز و صندلي
و تمام وسايل خانه‌امان را با خود برد

Ourselves

We did not buy the rain from anybody
We did not borrow it from anybody
We, ourselves, picked it from the sky
and brought it
home to plant in a pot

You wanted us to have
the rain of our own
like sofas, tables, chairs, and the carpet
we step on

We planted the rain in the pot
It sprouted
grew
and filled home

Our home was small
and the rain broke the walls and went out
It took the carpet, sofas, tables, chairs
and all the furniture

من ماندم و تو
كه مي‌خواستي باراني داشته باشيم
از آن خودمان
مثل خانه‌اي كه داشتيم

Only I remained with you
I, who wanted to have rain
of our own
like the home we once had

دلواپسی

سگي كه پارس مي‌كند در تاريكي در شب در تنهايي
دلواپس جفت خويش است و
گوسفندان خوابيده در غفلت در شب
و چوپاني كه چرت مي‌زند مدام در ني لبكش
به ياد گوسفندان يله در علفـزاري بي‌گرگ
و سگي كه مي‌گردد گرداگردشان و
پارس مي كند
اما گرگي كه زوزه مي‌كشد در تاريكي در شب
نه دلواپس جفت خويش است، نه چوپان، نه سگ
تنها به گوسفندان مي‌انديشد
و علفـزاري گسترده، بي‌سگ، بي‌چوپان
و گوسفنداني كه اكنون در غفلت، درشب، خوابي سبز مي‌بينند
در علفـزاري گسترده تا نهايت جهان
بي‌چوپان بي‌سگ بي‌گرگ

و اين همان چيزي است كه آزارم مي‌دهد
و بد خوابم مي‌كند در شب تا به خود بينديشم
به گوسفندان، گرگان، سگان و چوپان
و شعري كه دارم مي‌نويسم الان درتاريكي، در شب، در تنهايي.

Worry

A dog that barks in the dark, in loneliness, at night
is worried about its mate
the sleeping, oblivious sheep
the shepherd who snoozes while
playing the pipe
for the sheep that lean in the grasslands
and the dog that circles around them and barks

But the wolf that howls in the dark at night
is not worried about its mate, the shepherd, nor the dog
It only thinks about the sheep
and wide grasslands without shepherd or dog
These sheep dream obliviously
of a grassland stretched beyond the end of the universe
with no shepherd, wolf, nor dog

And this is why
I do not sleep at night
and think instead about myself
about the sheep, the wolves, the dog, the shepherd
and the poem that I'm writing now in the dark, in loneliness, at night

شانه به سر

شرمنده‌ام که شانه به سر نیستم
و شانه‌هایم آنقدر پهن نیست
تا ستاره بارانش کنند

نه این ده کوره جاي آفتاب‌پرست بود
و نه این نقشه‌ي کج و معوج چروکیده بر دیوار
بر گرد و خاطراتم را یك در میان بشمارو بپر
پلي که ترك برداشته باشد چندان اعتبار ندارد
که رویش آهسته قدم بزني
و رودخانه‌ي این ده کوره سال‌هاست خشکیده است

پس شانه‌هایم را نشانه بگیر و شلیك کن
چه جاي شرمندگي
شانه به سر نشد نشد
این قدر پرنده‌ي بي‌خانمان در جهان است
که گلوله‌ات هدر نرود
تو فقط نشانه بگیر و ماشه را بچگان
حتماً کسي هست که تا گورستان بدرقه‌ام کند

Hoopoe

I'm ashamed I am not a hoopoe
and my shoulders are not so wide
to be adorned with the rain of the stars

No this hamlet was not the place of the chameleon
nor this crumpled and distorted map on the wall

Go back, count my every other memory, and jump
A cracked bridge is not safe enough
to cross slowly
and the river of this hamlet has been dry for years

Aim at my shoulders and shoot
There is no reason for being ashamed
If you cannot find a hoopoe, do not worry
There are so many homeless birds in the world
that your bullet won't be lost
Just aim at your target and pull the trigger
Certainly there is somebody who will take me to the graveyard, say
        farewell, and leave

شن‌زار

باران که می‌آید رد پایمان را می‌شوید و محو می‌سازد در شن‌زار
هم ردپاهاي من
هم ردپاهاي تو
و هم ردپاهاي تمام مارها و مارمولك‌هايي كه مي‌خزند در اين شن‌زار
پس هر چه مي‌دويم نمي‌رسيم جايي
انگار فرومي‌رويم در شن
مثل همين مارها و مارمولك‌ها
كه در چهار جهت دنبال هم گذاشته‌اند در شن‌زار
و تمام جانوراني كه مي‌شناختيم و نمي‌شناسيم الان
بهتر كه برگرديم
- برگرديم
برمي‌گرديم ولي نه باران بند مي‌آيد
و نه صداي خش‌خش مارها و مارمولك‌ها در شن‌زار

Sand Dune

When it rains, our footprints wash away and disappear in the dune
Also my footprints
Also your footprints
and also the footprints of all the snakes and the lizards that creep in
        this sand dune

Wherever we run, we arrive nowhere
as if we sink into the sand
like the snakes and lizards
that have chased each other through the dunes in four directions
and like all the beasts that we knew and
now, we do not know
It is better that we come back
Come back

We have come back, but no the rain
nor the hissing sound of snakes and lizards has stopped in the dunes.

ساز

صداي ساز كهنه‌ام كه مي‌پيچد دركوهستان
عقاب‌ها بال‌هايشان را برمي‌دارند
مي‌گريزند سمت آسمان و
ماهي كه سرك مي‌كشد از پشت ابرها
به تماشاي من و زخم‌هايم
نگريخته‌ام از شهر
تبعيدم كرده‌اند
كه سازم بوي زخم كهنه مي‌دهد و
طعم تلخ تنهايي

پس يله در سايه‌سار بيد بني تنها
به شما مي‌انديشم و
شهري كه تبعيدم كرده است
و صداي ساز كهنه‌ام كه مي‌پيچد دركوهستان

Music

When the sound of my old music winds through the mountain
the eagles take wing
escape to the sky and
the moon peeps through the clouds
watching me and my wounds

I have not escaped from the city
They have exiled me
because my music smells of an old wound and
has the bitter flavor of solitude

For this reason, I lean on the shadow of a lonely willow
think of you
the city that has exiled me
and the sound of my old music that has wound through the mountain

درآمد

نيمي از همين زندگاني يخزده‌ي توست كه مي‌سوزد در سماور نيكلا

اكنون يخ‌هاي سيبري آب شده‌اند
و تو بازگشته‌اي تا قايقراني كني در خيابان‌ها
و اجازه داري در خارج زندان
قدم بزني و فراموش كني
درآمدي را كه براي زندگاني پسرت سردادي
استالين مرده است
و راهبه‌ي روسپي مي‌تواند آزادانه آواز بخواند
و پاي بكوبد بر سنگفرش‌هاي سوخته درباران

مثل همان روزها كه برمي‌گردي
تا در حياط كليسا قدم بزني
زنده يا مرده فرقي نمي‌كند
همين قدر كه نيمي از هستي‌ات را رهاساخته‌اي، برنده‌اي

و شعر چيزي جز همين نيمه‌ي دوم تو نيست كه باقي مي‌ماند

Prologue

It is the half of your frozen life that burns in Nikolas' samovar

Now the ice of Siberia has melted
and you have returned to sail in the streets
and you have permission to walk out of the prison
to forget the
prologue that you have composed for the life of your son

Stalin has died
and the harlot nun can freely sing
and stamp on the burned pavement in the rain

Like the days when you come back
to walk in the churchyard
Alive or dead does not matter
That you have liberated half of your life
shows that you are a winner

And poetry is nothing more than the second half of you that remains

نشان

نه این نمد
نه این آب داغ
و نه این مرده‌اي که نفس مي‌کشد
زير دست نمدمال
انکار آسمان و جهان است

گفتم که اتفاقي اگر افتاد
دست از نمدو مرده برمي‌داريم
اما نه آسمان به تپش افتاد
نه این زمين

هرچند کوفتند مردان
ساعد و کنده‌ي زانو
بر مرده‌اي که نفس مي‌کشيد پيچيده در نمد

و این نمد نشان همان پيروزي است

The Sign

Not this soft felt
nor this hot water
nor this dead man, breathing
under the hands of the felt maker,
denies the sky and the universe

I said that if something happened
I would leave the felt and the dead alone

But neither the sky pulsated
nor the earth

Even as the men pounded
their forearms and knees
on the dead man wrapped in soft felt, he breathed

And this felt is the sign of that triumph

کارخانه

زنجیر دوچرخه‌ام که پاره شد
خیابان پر بود
از ماشین هایی که دود می کردندو
می‌گریختند
از مردمي که به صف ایستاده بودند کنار خیابان
چشم انتظار اتوبوسي که باید می‌آمد
دوچرخه‌ام را به دوش گرفتم و راه افتادم
و وقتي به بالاي خیابان رسیدم
که هر دو عقربه‌ي ساعت آسمان را نشانه رفته بودند در تاریکي

کسي در خیابان نبود
تنها سگ ولگردي زباله‌ها را زیرورومی کرد
به دنبال استخواني گندیده
و زني که از پنجره آویخته بود و
چشمانش پاشیده بود در تاریکی خیابان
در انتظار من که دیر کرده بودم
از کارخانه

Factory

When the chain of my bicycle broke
the street was full of cars that smoked and
escaped
from the people who lined the street
looking in anticipation for the bus

I carried my bicycle on my shoulder
When I reached the next street
the two hands of the clock pointed skyward in the darkness

Nobody was in the street
Only a stray dog rummaged through the garbage
searching for a rotten bone
And a woman, leaning out the window,
her eyes sprinkling over the darkness of the street,
was waiting for me, who was late, coming from the factory

گمشده

چه زیبارویانی باید خوابیده باشند اینجا
چه زیبارویانی
و این گل‌های روییده و
این درخت‌های بلند سایه گسترده برسنگ‌ها
دلیلی است بر زیبایی‌شان
حالا حتماً جوان هم بوده است
که آمده‌ای اینجا
قدم می‌زنی میان سنگ‌ها وسنگ نوشته هایی
که باران و برف
متلاشی‌اشان کرده است و ناخوانا
وگرنه باید می‌رفتی به گلستان دست چپی
که مال کودکان است و نوجوانان
و یا گلستان دست راستی
که مال پیرمردان است و پیرزنان

Lost

What beautiful people should have slept here
What beauty
And these grown flowers and
tall trees spreading shadows on the stones
are their evidence

Certainly the dead have also been young
such that you have come here, to this part
walking among the stones and the inscribed stones
which by rain and snow
have eroded to become unreadable

If not, you should have gone to the garden on the left
which belongs to children and adolescents
or you should have gone to the garden on the right
which belongs to elderly men and women

توفان

مگر بادها را بخوانيم و برگ‌ها را
و بنشينيم كنار حوض و ماهي‌ها را بشماريم
تا تنها ماه بماند و
آب كبود بي‌حركت

توفاني كه آمد تمام بادها را با خود برد
تنها بوي پيراهني بر شاخه‌ي درختان پيچيد
مثل پرچمي روي حوض دريا
نه تو بودي نه برگ‌هاي ريخته
و ماهي‌هايي كه انگار يخ زده بودند
فشار آورده بودند
بر جداره‌هاي حوض
و آب سر رفته بود به روي برگ های ريخته

نه تو بودي، نه ماه و نه ماهي
بادها را خواندم و برگ‌هاي ريخته را
كه توفان آمد كنار حوض چرخي زد و رفت
تنها ماه ماند و حوض كبود بي‌حركت

مگر بادها را بخوانيم و مرگ‌ها را
و بنشينيم كنار حوض
و ماهي‌هاي مرده را بشماريم
با ستاره‌هايي كه لحظه‌اي در آسمان مي‌درخشند و محو مي‌شوند

Storm

Maybe we call the winds and the leaves,
sit by the pool, and count the fish
so that only the moon remains and
the azure motionless water

The storm that came took all the winds
Only the smell of a shirt filled the branches of the trees
like a flag on the surface of the pool, the sea

You were not there nor were the fallen leaves
and the fish that seemed frozen
pushed
the pool walls
until the water overflowed and spilled on the fallen leaves

You were not there, nor the moon, nor the fish
I called the wind and the fallen leaves
then the storm came by the pool, circled, and left
Only the moon remains and the azure motionless pool

Maybe we call the winds and deaths
sit by the pool
and count the dead fish
and the stars that twinkle instantly and then fade away

کودک

چشمانت را چشم که مي‌بستم گم مي‌کردم
يا گم مي‌شدي.

اکنون تو نيستي
کوچه همان کوچه است و
درخت همان و ديوارها همان
تنها سقف خانه‌ها فروريخته است و
رنگ درها و پنجره‌ها
کاشي خانه‌ات هم که يادم نيست.

کودک بوديم و نمي‌دانستيم بازي اشکنک دارد
بازيگوشي مي کرديم
چشم مي‌گذاشتيم
گم مي‌شديم   پيدا مي‌شديم
و نمي‌دانستيم روزي براي هميشه گم مي شويم
آن قدر گم
که پيدا هم بشويم اگر
همديگر را نشناسيم.

Child

When I closed my eyes, I lost your eyes
or you got lost

Now you do not exist
The street is the same
the tree is the same and the walls are the same
Only the roofs of the houses have gone and
the paint on the doors and the windows
I do not remember the number of your house either.

We were children and did not know the outcome of the games
we played
We played hide-and-seek
We got lost   we were found
And we did not know one day we would become lost forever
So lost
that if we were found
we would not know each other

کلاغ‌ها

چقدر دقیق ساعت می‌زنند این کلاغ‌ها
نه اضافه‌کاري مي‌کنند
نه کم‌کاري

نجيب‌اند و سر به زير:
تمام روز مزرعه را شخم مي‌زنند و
دانه...
و سر ساعت عصر برمي‌گردند
به خانه هايشان

همين وظيفه‌شناسي است شايد
که ساعت مرگشان را عقب مي‌اندازد

The Crows

How accurately these crows keep time
They work no more
nor less

They are decent and humble:
All day they plough the ground and
seed…

Then they come back in the afternoon to their homes

Perhaps it is this sense of responsibility
that delays their time of death

از این دو مار روییده در رویاهام پیداست
که آفتاب هرگز نخواهد تابید
حال چه اهمیتی دارد
این دو مار بر شانه‌های تو روییده باشند یا بر شانه های دیگری
مهم شب است که کش می‌آید
تا مارها بیشتر قد بکشند به سوی آسمان و
زمینی که من به هر سویش که می‌گریزم
مارها دنبالم می‌کنند
در رویاهام
هر شب

Every Night

In my dreams two snakes show
that the sun will never shine
Does it matter now
if these two snakes have grown on your shoulders
or on the shoulders of others

The night is important
It stretches to let the snakes grow tall
toward the sky and
the earth, in its every direction
to which I seek to escape
the snakes that chase me
every night
in my dreams

بساط

همین چند قرن پیش بود که با هم
قرار گذاشتیم گردوها را
قسمت کنیم بین خودمان و هر کس
برود گوشه‌ي خیابان بساط
پهن کند و زندگي‌اش را بچرخاند.

تو نبودي فریدون که بود خودش
با دست‌هاي خودش پسرهایش را
قسمت کرد تا بروند و زمین‌هایشان را
پهن کنند گوشه‌ي بیابان و
زندگي‌شان را

سلم و تور که چرخیدند
ایرج زمین خورد و مرد
اما تو زیر قولت زدي و زمین
و حالا داري ویلا مي‌سازي و آپارتمان
به خاطر مردم بي‌چاره‌اي که ندارند
و از نداري است که بساطشان را هر روز
پهن مي‌کنند گوشه‌ي خیابان و
زندگي‌شان را...

Wares

It was a few centuries ago that
we made arrangementsto divide
these walnuts between ourselves and
everybody had to spread out his wares
on the corner of the street to earn his livelihood

You were not there, but Feraydun was
He alone separated his sons by himself
to spread out across the corners of the desert
their lands and
their lives

When Salm and Tur circled
Iraj fell to the ground and died
but you did not keep your promise or your land
and now you are building villas and apartments
for poor people who do not have anything
Because of their poverty, every day
they spread upon the corner of the street their wares
and their lives

مي‌چرخند يا مي‌چرخانند نمي‌دانم
فعلاً بايد بروم خيابان و
سري به بساطم بزنم
تا بادي چيزي نبردشان

They circle around or spin. I do not know
Actually now I have to go to the street and
check my wares
so the wind or something else does not blow them away

مومیایی

چقدر مجسمه‌اند این آدم‌ها
اریب نفس مي‌كشند
اریب قدم مي‌زنند
و اریب اریب انتظار مي‌كشند
در چهارراه‌ها و صف‌هاي اتوبوس و سینماها

چقدر مجسمه‌اند این آدم‌ها
از غارهاي تاریخي بیرون مي‌آیند
اریب اریب اریب
مثل نوارهاي زخم‌بندي بر پیكره‌هاي مومیایی

The Bodies of Mummies

How statue-like are these humans
They breathe slant-wise
They walk slant-wise
and they wait slant-wise and slant-wise
in the crossroads, in the lines for the bus and cinemas

How statue-like are these humans
They come out from the caves of history
slant-wise, slant-wise, and slant-wise
like the bandages on the bodies of mummies

طاعون

اسب‌هایمان را بسته بودیم دم دروازه‌ی شهرو
آمده بودیم کمی علف بخریم

کسی نبود
تمام شهر را گشتیم
تنها موش‌های چاق پشم‌آلو
از خانه‌ها و مغازه‌ها بیرون می‌آمدند
در خیابان‌ها
طاعون پیش از ما آمده بود

به ناچار برگشتیم
موش‌ها
اسب‌هایمان را خورده بودند

Plague

We tied our horses to the city gate
came to buy some grass

Nobody was there
We looked everywhere in the city
but only fat hairy mice
came out from the houses and the stores
In the streets
the plague had come before us

Hopelessly we went back
The mice
had eaten our horses

سفر

پس زمینه چشمانت کي است
که قدم مي‌زند ميان درختان جنگلي و
گم مي‌شود پس زمينه‌ي چشمانت
کي است که مي‌خواند
و چون برمي‌گردم روي از من برمي‌گرداند

و اين همه راه هميشه بايد همين‌طور بگذرد
تو با تمامي زيبايي‌ات سفر کني و
من با تمامي تنهايي‌ام
و آن کس که بر پل ايستاده و بادها را بر هم مي زند
فقط نام تو را بخواند و
دروازه پس از عبور تو بسته شود
و من بمانم اينجا پس زمينه‌ي چشمانت
سرگردان کنار رودخانه‌اي که موج مي زند
بالا مي‌آيد
تا تمام ساحل را ببلعد و برگردد روز
سرجاي اولش زير همان پل و
درختاني که بر دوسويش روييده است
پس زمينه‌ي چشمانت

Journey

In the background of your eyes
who walks among the jungle trees and gets lost
In the background of your eyes
who sings, and
when I turn back, he turns his face away from me

And all this way, it should pass like this
You travel with all your beauty
I travel with all my loneliness

The figure that stands on the bridge and disturbs the winds
reads only your name
The gate is closed after your passing
I stay here in the background of your eyes
wandering by the river
Its waters swallow the shores
The next day I return
to the same place under the same bridge with trees on the banks
in the background of your eyes

انگار

عکس تو را سنجاق مي‌كنم به قلبم و مي‌خوابم
مگر در خوابت ببينم
اما نه تو را مي‌بينم نه عكس سنجاق شده ات را

تمام شب كابوس مي‌بينم
با گرگ‌هايي كه مي‌آيند و مي‌روند
با كفتارها و گوركن‌ها
اما نه تو مي‌آيي و نه خاطره‌ات
و صبح كه برمي‌خيزم
انگار از گورستان بازگشته‌ام
با تابوتي سنجاق شده بر دوشم
كه بايد با خود يدك بكشم
تمام روز در شهر
به خوابم كه نمي‌آيي
به بيداري به ديدارم بيا.

As If

I pin your picture to my heart and sleep
as if I see you in my dream
but I do not see you nor your pinned picture

All night I have nightmares
of the wolves that are coming and going
of the hyenas and badgers
but neither you nor your memory comes
When I wake in the morning
it is as if I have returned from the graveyard
with a coffin pinned to my shoulder
All day I must drag it
through the city

If you do not visit me in my dream
at least visit me when I am awake.

جوانی

به فال تو مي‌انديشم
و قهوه‌اي كه پيش از من خورده‌اي
در تنهايي

دختري كه مي‌رقصد
باريك و بلند
ميان شعله‌هايي كه نيست و مي‌سوزاند

از پاي‌كوبي توست
غباري كه پوشانده است فضاي اتاق را
با چشماني كه قهوه‌اي است و مي‌خندد

جواني توست نگاهش كن
جواني توست
در قهوه‌اي كه خورده‌اي پيش از من در تنهايي

Youth

I think about your fortune
and the coffee you drank before me

The girl, slim and tall
dances
inside the flames that do not exist, but burn

It is because of your stomping
that dust has filled the room
and the brown eyes laugh

It is your youth. Look at it
It is your youth
inside the coffee that you, in solitude, drank before me

تلخ

باز همان نوازنده‌ي دوره‌گرد هر شبه است و
همان آوازخوان قديمي
كه مي‌خواند در دوردست
و اين سياهي يكدست
كه ماسيده است
بر پشت شيشه‌ها
با چند ستاره‌ي سرگردان
كه سوسو مي‌زنند به تقدير و
يكي پس از ديگري نابود مي‌شوند
مثل آوازي كه دور مي‌شود
و مي‌رود تا قدم بزند در رويا
با خاطره‌ي تلخ جواني و
شب‌هاي زاينده رود

Bitter

Every night the same musician and
the same old singer
who sings in the distance
an intact blackness
congealed
on the windows
with some drifting stars
blinking at destiny and
disappearing one by one
like a song when it drifts far away
and walks into a dream
with the bitter memory of youth and
the nights of Zayandeh Rud

حضور

تمام جهان را خلاصه مي‌کنم در ليوان و سر مي‌کشم
با لذتي
که تنها با حضور تو به بار مي‌نشيند و
سازي که مي‌نوازد
در مايه‌ي مخالف
حالا چه ماه باشد بيرون
چه آفتاب
تنها حضور توست
که معنا مي‌بخشد به اين جهان و
ليواني که سر مي‌کشم
در پناه دودي که برمي‌خيزد از زيرسيگاري

Presence

I shrink the entire universe into one glass and fill it
with joy
sated only with your presence and
music played
in contrasting tones

It matters not if the moon is out
or the sun
Only your presence
gives meaning to this universe and
the glass we fill
under the cloak of smoke rising from the ashtray

قطار

جهان
را در قطاري غريب نشسته‌ام و هيچ
ميان دو چشم‌انداز و
يك تونل تاريك

جهان را در قطاري و هيچ
جز كوپه‌اي فقير با شش مسافر تنها
و كتابي كه ورق مي‌خورد مدام پيشارويم
تا قطار از تونل بگذرد.

جهان را در قطاري بي‌عقل نشسته‌ام
به سوي بارگاهي سرسبز
با گلدسته‌هايي از عشق
و ضريحي كه اگر جهان بگذارد
غربتم را با وي قسمت خواهم كرد
و فقري را كه پيش از قطار
در بازار مكاره‌ي تهران

مثل همين بازي عقل
كه ورق مي‌خورد پيشارويم
سرخ و مدام
در جهاني كه قطاري است غريب و هيچ

The Train

Because of the universe
I sit in a strange train with nothing
between two ending views
but a black tunnel

Because of the universe, I sit in a train with nothing
except a modest compartment with six lonely passengers
and a book, its pages constantly turning
until the train exits the tunnel.

Because of the universe, I sit in an unwise train
traveling to a green palace
with minarets made of love
and a shrine with which, if the universe let me
I would share my loneliness
and the poverty
beside the deceitful Tehran bazaar

Like this: *the play of Reason*
its pages constantly turning
red and constant
in a universe which is a strange train and nothing

لوکوموتیو

راه به جایي نمي‌برد این قطار
فس‌فس مي‌کند و از نفس مي‌افتد وسط جاده
نه راه پیش داریم و نه پس
باید بچرخیم دور خودمان وسط بیابان
گشنه و تشنه
تا کرکس‌ها از چرخش بیفتند و
فرود آیند براي چرا
گفتم که راه به جایي نمي‌برد این قطار
و این دو لوکوموتیو مسخره که بسته اند بر دو سرش
براي گول زدن ماست و قمپز در کردن

گفتم اما نه تو باور کردي
و نه کساني که دست و پایمان را بسته بودند
و چشم بسته مي‌کشیدندمان به دنبال خودشان به سوي قطار

Locomotive

This train goes nowhere
dawdling and puffing, it becomes breathless in the middle of the road
We can go no farther nor return
We must circle around ourselves in the middle of the desert
hungry and thirsty
till the vultures stop circling and
descend to feed

I said this train goes nowhere
and these two comical locomotives
attached to its two heads
are for deceiving us and for showing off

I said this, but neither of you believed it
nor those who had tied our hands and feet
and dragged us with eyes closed
toward the train

تراموا

باز همان ترامواي هر روزه است كه لق لق كنان مي رود
به سوي شهري كه تبعيدم كرده است
و مجبورم كرده است تا هر روز برگردم و خيابان‌هايش را گز كنم

شهر همان شهر است
با همان قيافه‌ي شش در چهار قديمي
مردم همان‌اند تابلوها همان:
ايستادن ممنوع
چرت زدن ممنوع
فقط طالبان سقوط كرده است و تل آوبو
و چند خيابان تازه كه بايد گزشان كنم و
تا دير نشده برگردم
به همان ترامواي هر شب
تا صندلي‌ام خالي نماند و
همسفرانم دلواپس

Tramway

It is the same ordinary tramway that goes dawdling
to the city that exiled me
and forces me to come back every day, to measure its streets

The city is the same city
with the same six by four old wallet photos
The people are the same, the signs are the same:
        Standing is forbidden
        Taking a nap is forbidden
Both the Taliban and Tel Aviv have fallen
and there are new streets I have to measure
Before it is late I have to come back
to the same nightly tramway
so as not to leave my chair empty
and worry my companions

سوت

قطار سوت مي‌كشد و دور مي‌شود از ايستگاه خيس بدرقه
انبوهي از اندوه برمي‌گردد به ايستگاه و
سكوتي كه بر ديوارهاي بلند ماسيده

اجازه‌ي سفر نداشتم
چمداني داشتم پر از دل‌مشغولي‌هاي شهري
كه به مسافري آشنا سپردم و
دلم را برداشتم و برگشتم به ايستگاه و
ميان انبوهي از اندوه گم شدم
درست مثل قطاري كه رفت وخاطره ی سوتش را در من جاگذاشت

Whistle

The train whistles and departs the wet platform
Piles of sorrow return to the station,
A silence has congealed on its high walls

I did not have permission for the trip
My suitcase is filled with the city's frantic business
I put it under the care of a familiar passenger and
took my heart and returned to the station
There I was lost in the piles of sorrow
exactly like a train that departed and left the memory of its whistle
      inside me

بی‌چاره

چقدر بی‌چاره است این پلنگ پیر چروکیده
دور خودش می‌چرخد
می‌نالد و می‌خواند:
ماه منی تو
پناه منی تو
تمام هستی‌ام تویی تو
به عشق تو می‌خندم
به عشق تو می‌گریم
به عشق تو هستم زنده تا هستم

مهتابی گرد آویخته بالای قفس را
ماه می‌پندارد بی‌چاره

Pitiful

How pitiful is this old wrinkled leopard
It circles around itself
It groans and sings:

> You are my moon
> You are my guardian
> You are all my life
> Because of your love, I laugh
> Because of your love, I cry
> Because of your love, I live until I am alive

The poor creature imagines
the round neon lamp hung on the cage as the moon

مکالمه

الو، گوشي...

گوشتان با من است
از اولش گفتم که شما این کاره نیستید
و این درخت‌هایي که مي‌کارید
فقط آب‌ها را بالا مي‌کشند و خاک را...
نه میوه‌اي دارند و
نه سایه‌اي
فقط ظریفند و دوست‌داشتني
گوش ندادید
و اصلاً شاید گوشي نداشتید از اول

الو، بفرمایید
گوشم با شماست

Conversation

Hello! Hold on….

Are you listening
From the beginning, I said you are not good at this job
and these trees you are planting
just gobble up the water and the soil…
They have no fruit
nor shade
they are only delicate and lovely
You did not listen
Or maybe from the beginning you did not have any ear at all

Hello! Continue please
I'm listening

کابوس

این گاري چرا این گونه یک ور افتاده است اینجا با چرخ هایش در هوا

تمام بیابان را دور مي‌زنم و برمي‌گردم
هنوز همان گاري همانجا افتاده است با چرخ‌هایش در هوا
کرکس‌ها رفته‌اند
اسکلت‌هایي بر جاي گذاشته‌اند و این گاری

به دنبال تو مي‌گردم
به دنبال خودم مي‌گردم و اسب‌ها

نه اسبي، نه اسکلتي
انگار از اول این گاري همین طور یک ور افتاده بوده است این جا
با چرخ‌هایش در هوا
بي هیچ اسبي و مسافري

Nightmare

This wagon, why has it fallen on its side, its wheels in the air

I travel the desert and when I return
 still that wagon remains on its side, its wheels in the air
The vultures have gone
They have left some skeletons and this wagon

I search for you
I search for myself and the horses

But neither the horses nor our skeletons can be found
It is as if this wagon from the beginning has fallen on its side
its wheels in the air
without horse or passenger

قهوه

نقاش بزرگي است لئوناردو داوينچي
دعوت مي‌كند كه بنشينم
و تا قهوه‌ام را بخورم
پرتره‌ام را كشيده است با موهاير بلند افشان

پولش را قبلاً داده‌ام
فقط مي‌ماند نشاني خانه‌ام كه فراموشش كرده ام
مي‌گويم: بنويسيد، ايران-شهري كه در زلزله ...

بيدار مي‌شوم
نه لئوناردو داوينچي است
نه فنجان قهوه
و من فقط در خواب بود كه لرزيده‌ام
در دهكده‌اي نه چندان دوراز بوين زهرا
چهل سال پيش
مثل هماني كه نشسته است
در تابلوي نقاشي روياروييم
با همان حالت و همان موهاي بلند افشان
كه لئوناردو داوينچي كشيده است در رويا

Coffee

The great painter, Leonardo da Vinci,
invites me to sit
and just before I finish my coffee
he has drawn my portrait with my long parted hair

I have paid him before
Only I have to give him my home address which I have forgotten
I tell him to write Iran—a city that in the earthquake…

I wake up
There is no Leonardo da Vinci
nor cup of coffee
and it was just in my dreams that I had shivered
in a village not very far from Buin Zahra
forty years ago
like the person who is still sitting
in the picture frame in front of me
with the same pose and long parted hair
which Leonardo da Vinci drew in my dream

الان

این شهر را کسي پشت و رو کرده است حتماً

و این تپه‌ي خاكي این تل
همان ارگ قدیم كاهگلي است
با برج‌ها و باروهاي زیبا و
كوچه و بازاري كه نیست
و عطر هل، دارچین و زنجبیل كه نمي‌آید
با مردماني ساده، نجیب، مهربان
كه زیر زمین قدم مي‌زنند حتماً
در كوچه و خیابان‌هایي كه پشت و رو شده اند
نه پرتغالي در كار است، نه خرما
خرمایي است خاكي كه خیس خورده است تازه
و خیس است
اما كافي نیست

چشمانم را همین جا باید بكارم و برگردم
چشماني كه یك بار، فقط یك بار
آمده بود و دیده بود چندم فروردین
و الان چندم دي ماه
آمده و نمي‌بیند
این شهر را کسي پشت و رو کرده است حتماً

Bam, Kerman Province

Somebody has turned this city upside down

And this dirt hill, this mound
is that old adobe citadel
with the beautiful towers and ramparts and
the alley and the bazaar, which do not exist anymore
with the scent of cardamom, cinnamon, and ginger that do not exist
with the simple, decent people
who certainly walk underground
on the upside down alleys and streets
There are no oranges, nor dates
The soil is the color of dates
It is wet
but not ample

I have to plant my eyes here and then come back
The eyes, that one time, only one time
came here and saw everything, sometime in March
And now, sometime in December
the eyes have come, but they do not see anything
Somebody has turned this city upside down

و نهایت دریایی آبی است
که رودخانه‌ها بدان مي‌پیوندند ومحو می شوند
اما ماهي‌هایي که از راه مي‌رسند
در آب مي‌بالند و قد مي‌کشند
تا نهنگي گردند
بزرگ‌تر از مصب رودخانه و
سرچشمه‌هاي گل‌آلودي که ماهي‌چه‌ها را پرورده است

با این همه ببین چه قشقرقي راه انداخته اند کوسه ماهی ها
که ماهي‌ها را همیشه ماهي مي‌بینند و
نهنگ‌ها را همیشه نهنگ و هولناك

Whale

And finally there is a blue sea
into which the rivers join and fade away
But the fish that arrive from their trip
puff up in the water and grow tall
until they become whales
bigger than the mouth of the river and
the muddy head waters which have nourished the fish

Yet look! How much noise the sharks have made
that always see the fish as fish and
always the whales as whales and terrifying

چشم‌انداز

چه چشم‌انداز زیبایی است این:
قرقاول نشسته بر درخت
درخت روییده کنار آب
و جویباری که می‌گذر
    آرام
     آبی
    آرام
مثل خواب شیرین بعدازظهری تابستانی
در سایه‌ساری خنک
به دور از سروصدای بچه‌های بازیگوش
که کوچه را به توپ می‌بندند و می‌خندند
چه چشم‌انداز زیبایی است این
چشم‌انداز نقاشی شده بر پنجره‌ی بسته‌ی رویارویم

View

What beautiful view is this:
The pheasant perched on the tree
The tree growing by the water
And the stream which passes

                    calm

                    blue

                    calm

like a dozing on a summer afternoon
in full shade
far from the clamor of children
who cannonade the alley with a ball and their laughter
What beautiful view is this:
The painted view on my closed front window

دیدی

نشسته‌اي روبروي آينه به تماشا
خورشيد مي‌آيد دور سرت مي‌چرخد و مي‌رود بيرون
باد مي‌آيد دور سرت مي‌چرخد ومي رود بيرون
ماه مي‌آيد دور سرت مي‌چرخد
همين كه مي‌خواهد برود بيرون
پايش ليز مي‌خورد
مي‌افتد وسط اتاق...

ديدي يا نديدي مهم نيست
مهم روزنامه‌هاي صبح‌اند
كه با تيتر درشت مي‌نويسند
زني كه چشم نداشت ماه را ببيند، خودكشي كرد.

You Saw

You sit before the mirror and look
The sun comes, circles your head, and goes away
The wind comes, circles your head, and goes away
The moon comes and circles your head
When it wants to go away
its feet slip
and it falls in the middle of the room…

Whether you saw it or not is of no importance
The morning newspapers are important
Their headlines tell of
a woman who killed herself, too jealous to see the moon

حتماً

قطار را همین جا نگهدار آقا
می‌خواهم پیاده شوم.

وسط دریاست، باشد
باید برگردم
یادم رفته است شعرهایم را بیاورم
بدون شعر که نمی‌شود رفت بالای سکو و پشت تریبون
مردم از چهار گوشه‌ی جهان آمده‌اند که شعر بشنوند.

به مردم بگویید سال دیگر با شعرهای تازه تری می آیم
عینکم را حتماً می‌آورم
نه مثل سال پیش که یادم رفته بود بیاورم .

Stop the train, sir
I want to get off.

If it is in the middle of the sea, all right, I do not care
I have to come back
I have forgotten to bring my poetry
With no poetry, no one can go on the stage and stand on a podium
The people have come from the four corners of the world to hear the
        poetry.

Tell the people I will come back next year with newer poems
Certainly I will bring my glasses too
Not like last year when I forget to bring them.

هویت

گفتم که این شناسنامه اصلاً ربطی به من ندارد
و هیچ نسبتی هم با فردوسی ندارم
با سلطان محمود چرا!
گاهی با هم تیله‌بازی می‌کردیم در غزنه
و عصبانی که می‌شدم
بهش می‌گفتم سلطان
سند هم بخواهید می‌دهم
کتیبه‌های پارسی را که خوانده‌اید
من فقط بال‌هایم را قیچی کرده‌ام
تا کسی پی به هویتم نبرد
شناسنامه‌ام را می‌گویید
گفتم که این شناسنامه اصلاً ربطی به من ندارد
پیدایش کردم   دم دروازه
پشت درخت‌های کنار جاده افتاده بود
چالش کرده بودند زیر درخت‌ها
به دردم می‌خورد
بی‌هویت که نمی‌شد وارد شهر شد و
رفت وسط میدان ایستاد و
نفس کش طلبید

عکس رویش را می‌گویید
خوب معلوم است عوضش کردم

Identity

I have told you this birth certificate is not my own
and I am not related to Ferdowsi either
But, yes, I am related to Sultan Mahmood!
We sometimes played marbles together in Ghazna
and when I was angry
I told him, "Sultan,
if you want a deed, I'll give it to you."
You have read about the Old Persian inscriptions
I have only cut my wings
so nobody knows my identity

You are talking about my birth certificate
I have told you it is not my own
I found it   near the gate
It had fallen behind the trees alongside the road
They had buried it under the trees
It was useful for me
Without any identity, I could not enter the city
go inside the plaza, stand up, and
ask for the people to challenge me

Are you talking about its picture
It is obvious that I have changed it

صورت خودم را چسباندم جایش

نه سهراب را می‌شناسم
نه اسفندیار را
سودابه را چرا
فقط یك بار دیدمش
در بازار برده فروش ها
گذاشته بودندش به تماشا
نمی‌فروختندش
گذاشته بودندش به تماشا
تا کنیزهاي سیاه سوخته‌اشان را آب كنند
به مرداني که دهانشان آب افتاده بود
از تماشای سودابه
که قشنگ بود
با چشم و ابروي قجري
مثل همین تابلویي که زده‌اند اینجا
سر در شمس‌العماره
فقط همین یك بار دیدمش
نه تهدیدش کردم ونه گفتم که فاسد است

گفتم که همه‌اش ساختگي بود

I have glued my face in its place

I do not know Sohrab
nor Esfandiar
but I do know Sudabeh
I saw her one time in the slave market
They presented her
They did not sell her
They presented her
to sell their swarthy slaves
to those men whose mouth watered
from watching Sudabeh
who was beautiful
with dark eyes and ghajari eyebrows
like the poster hung
atop of the door of Shams-ol-Emareh
I saw her only that time
I did not threaten her nor did I tell her that she was depraved

I have told you that everything was plotted
to let me enter into the city

براي ورود به شهر
بقيه‌اش را هم كه خودتان خوانده‌ايد
و اين شناسنامه هم اصلا ربطی به من ندارد

You have also guessed the rest of the story
This birth certificate is not my own

پل

این پل چقدر باید پل باشد دختر
تا تو قدم بر آن بگذاري و بگذري
و این رود چقدر بی‌رحم

با این همه تا من پل را می‌سازم
تو به گذر از پل بیندیش و درختي
که من و تو تنها در سایه سارش آرمیده ایم

شاید پس از ما بسیار از این پل بگذرند و در گوش هم نجوا کنند:
این پل چقدر باید پل باشد دختر

The Bridge

How should a bridge be a bridge, my daughter
such that you walk on it and cross
this cruel river

By the time I build the bridge
and think about crossing the river
we will have already rested
under the tree's full shade

Perhaps, after us, many will cross this bridge and whisper to each other:
How should a bridge be a bridge, my daughter

متفاوت

سرخي اين گنجشك‌ها به شگفتي ام و انمى دارد اصلا

شگفتا كه گنجشك‌ها اين را نمى‌دانند
صبح از كنار پنجره‌ام سرك مى‌كشند
نوك مى‌زنند بر شيشه‌ي پنجره
تا بگشايم و
نجاتشان دهم از هواي آلوده
لجم مى‌گيرد و محلشان نمى‌گذارم
همان جا مى‌مانند تا بميرند
و درد
درست از همان جا آغاز مى‌شود
كه دستت را مى‌گذاري
دست از سرم بردار تا سردردم ساكت شود

گفته بودم كه گنجشك‌ها سردرد نمى‌گيرند
نه تب مى‌كنند و نه مى‌لرزند
سرشان را راحت مى‌گذارند روي سنگ مى‌ميرند

Different

The redness of these sparrows does not surprise me at all

The surprise is that the sparrows do not understand it
In the morning, they look at my window
peck at the window pane
want me to open it
save them from the polluted air
But I become spiteful and ignore them
They stay there, then they die

And the pain
starts exactly from the place
where you put your hand
Take your hand from my head
Do not bother me
Let my headache go away

I told you sparrows do not have headaches
do not have fevers or shivers
They put their head on a rock and calmly die

شگفتا که آدم‌ها این را نمی‌دانند
شب از کنار پنجره‌ام رد می‌شوند
بوق می‌زنند و قشقرق راه می‌اندازند
تا پنجره‌ام را ببندم و
خودم را نجات بدهم از صوت‌های آلوده
لجم که بگیرد محلشان نمی‌گذارم
تا بروند و گم شوند

و درد
درست از همان جا آغاز می‌شود
که دستت را برمی‌داری
دست از سرم بردار تا سر دردم ساکت شود

گفته بودم که آدم‌ها سردرد می‌گیرند
تب می‌کنند و می‌لرزند
سرشان را می‌گذارند روی متکای راحت و می‌میرند

با این همه
سرخی این گنجشک‌ها به شگفتی‌ام وا نمی دارند اصلا
تیمارستانی اگر سراغ داشتید
خبرم کنید
که یک شهر دیوانه سراغ دارم

The surprise is that humans do not understand it
At night they pass by my window
honk and make rude noises
They want me to close the window
save myself from the polluted sounds
but I become spiteful and ignore them
I want them to go away and be lost

And the pain
starts exactly from the place
where you took your hand from my head
Don't take your hand off my head
Bother me and make me busy
Let my headache go away

I told you that humans have headaches
have fevers and shiver
They put their heads on pillows and calmly die

In spite of all these things
the redness of these sparrows does not surprise me at all
If you know any asylum

دست نخورده
نه به آدم مي‌مانند و نه به گنجشك
فقط مي‌خواهند متفاوت باشند
همين

let me know
I know a crazy city
intact
They are neither like humans nor sparrows
They just want to be different
That's it

بازی

دلم را همین جا چال کرده‌ام
زیر همین کنار
کنار همین رودخانه
هرچه می‌گردم اما پیدایش نمی‌کنم
یقین دارم همین جا چالش کرده‌ام
حالا یا زمین جابه‌جا شده است در این مدت یا رودخانه
و این گنبد آبي بالاي سرم اما
بود یا نبود یادم نیست
آن هم با این همه ستاره‌هاي نقاشی شده
و خورشید و ماهي که پیدا می‌شوند و گم به نوبت
درست مثل کودکي‌هامان که بازي مي‌کردیم
زیر همین کنار
کنار همین رودخانه

Play

I have buried my heart here
under this lotus tree
on the bank of this river
But now, as I look for it, I cannot find it
I'm sure that I buried it here
Maybe the earth has been displaced or the river has moved
This blue dome atop my head
was there or it was not; I do not remember
What about these painted stars
and the sun and the moon found and lost in their turn
as in our childhood when we played
under this lotus tree
on the bank of this river

جنگل

و حالا رسیده‌ایم سر این دوراهی
که انگار یك راهش بن‌بست است و
راه دیگرش هم معلوم نیست تا کجا پیش می رود
در این جنگل

چی؟ برگردم محال است
مگر می‌شود این همه...
شصت منزل از راه را پشت سر گذاشته ایم که چی
از اول باید فکرش را می‌کردی
درست همان روزی که درخت را بریدی وگفتی :
چوبش خوب است
صندوق می‌سازیم
خرت و پرتامون رو می‌ریزیم توش
چار تا چرخام می‌زاریم زیرش که بشه گاری
توی سفر به دردمون می‌خوره
حتی می‌شه به موقع قایقش کرد وانداخ تو آب ...

اما من چشمم آب نمی‌خورد
این صندوق با این سوراخ‌های درشتی که دارد
همان اول کاری می‌رود ته آب...

Jungle

And now we have arrived at a junction in this jungle
One of these roads seems to dead end and
the destination of the other
is unclear

What? Do I return? It is impossible
Is it possible to have gone all this way…
A sixty day journey for what?
From the beginning, you had to think about it
from the day
when you cut the tree and said:
      Its wood is good
      We can make a chest
      put our junk in it
      put four wheels under it to make a cart
      It would be handy on the journey
      When needed, we could change it into a boat and launch it into
        the water

But I do not have any hopes
There have been holes in the chest from the beginning
It will sink into the water…

ـ خوب، قایق نشه، نشه
تابوت که میشه
اونم چه تابوت بزرگی بزرگ و جادار
هر دو تامون می تونیم به راحتی دراز بکشیم توش
و خواب راحتی بکنیم...
حالا بهتر است برگردیم سر دوراهي...

چي؟ شیر یا خط بیندازیم
ممکن نیست
این سکه‌ها که شیر ندارند

If it is not good for a boat, no matter
It can be a coffin
such a big coffin   big and roomy
both of us can lie down
and sleep comfortably…
Now, it is better that we come back to the junction…

What? Let's play heads or tails, lions or lines
It is not possible
These coins have neither heads nor lions

گاهی

قلم را برمی‌دارم
می‌زنم به جوهر سبز و
می‌نویسم بهار:
ب
ه
ا
ر
بابهی در سینی می‌آید گارسون
به را پوست می‌کنم قاچ می‌کنم و می‌خورم
بوی به می‌پیچد در هوا

قلم را برمی‌دارم
قلم نیای است و
می‌شکند زیر انگشتانم
چند قطره خون می‌چکد بر زمینه‌ی بهاری که نوشته‌ام
طرحی از گل سرخ نقش می‌بندد

بهار گاهی این گونه می‌آید
با عطری سبز و طعمی سرخ .

Sometimes

I take a pen and dip it in green ink and
write spring

       s

       p

       r

       i

       n

       g

With a quince on a tray, the garçon comes
I peel the quince, splinter it, and eat it
The aroma of quince fills the air

I take the pen
The pen is made of a reed cane and
breaks under the pressure of my fingers
A few drops of blood drip on the backdrop of the "spring" that I had
       written
It draws a sketch of a red rose

Spring, sometimes, comes this way
with green aroma and red flavor.

مترسک

همین چند پرنده را بکشم
می‌روم سری به گندمزار بزنم
فقط حواست باشد
تا من برگردم
مواظب پرنده‌ها باشی
که نروند سر سردرختی‌ها

آخر تا اینجا برسند
کلّی رنگ سبز خورده‌اند

یادت هم باشد
کسی اگر زنگ زد
اسمش را بپرس و بگو:
ارباب رفته سر گندمزار
من مترسکم

Scarecrow

When I finish drawing these birds
I go and check the wheat fields
Just be careful
until I come back
Take care of the birds
to not go on the crops
because while coming here
they have eaten too much green

Also remember
if somebody calls
ask his name and tell him:
My master has gone into the wheat fields
and I am the scarecrow

جزیره

تمام جزیره را دور می‌زنم و برمی‌گردم سر جاي اولم
و می‌نشینم روي تخته سنگي که آن شب
خودم را کشیدم بالا از دریا و
تخته پاره‌اي که نگهداشته‌ام هنوز

همه چیز سر جاي همیشه است
نه چیزي زیاد شده
نه چیزي کم
هر روز صبح راه می‌افتم
تمام جزیره را دور می‌زنم و برمی‌گردم سر جاي اولم
و می‌نشینم و چشم می‌دوزم به دریا
که تا چشم کار می‌کند، آبي است
با کشتي‌هایي که می‌آیند و می‌روند دردور دست
در مسیرهاي معین

نه یکي کم می‌شود، نه یکي گم
با این همه هر روز صبح راه می‌افتم و
تمام جزیره را دور می‌زنم و برمی‌گردم سر جاي اولم

Island

I circle the island
return to my starting point
pull myself and the broken board up from the sea
to sit upon the stone lip of the cliff

Everything in its usual place
Nothing added
Nothing taken away

Every morning I walk
I circle the island, return to my starting point
and sit and gaze at the sea
which, as far as the eye can reach, is blue
with boats coming and going
in the distance
traveling in definite directions

No one is lessened, no one is lost
And so, every morning, I start walking, and
I circle the island and return to my starting point

دیوانه

نه این زنی که قدم می‌زند هر شب درخواب‌های تو
زلیخا نیست کلئوپاتر است
باور کن کلئوپاتر است.

می‌خواهی بفرستی خواستگاری خوب بفرست
از جانب من خیالت راحت باشد
نه جلالی دارم و نه جمالی
و خیلی هم که هنر کنم بلدم ادای قیس را در بیاورم
تمام سرمایه‌ام همین چند سطر شعری است
که از بس خوانده‌ام هم خودم از برم
هم همه‌ی اهالی شهر
کودکان نوآموز هم حتی
وقتی می‌بینندم با انگشت نشانم می‌دهند و
زیر لب زمزمه می‌کنند:
دیوانه است

Insane

No, this woman who walks every night in your dream
is not Zoleikha. She is Cleopatra
Believe me she is Cleopatra

If you want to send somebody to propose marriage, all right send her
Do not worry about me
I have no glory nor beauty
and if I want to show my skills
I know to imitate Gheiss
All my assets are these few verses of poetry
and since I have read them a lot
everyone in the city
can recite them from memory
even the young children
When they see me, they point
and whisper
He is insane

راحت

این کنده‌ی درخت چقدر شبیه تخت خشیارشاست و
این موریانه چقدر اسکندر

دیوانه اگر بودم جهان را به آتش می کشیدم راحت
با همین ذره‌بین
که فقط به درد خواندن و نوشتن می خورد

آخر این هم شد کار
بنویسم ماه و
به یاد ماهي بیفتم و دریا
تازه کشتي از کجا بیاورم
خشیارشا که نیستم من
شاعرم

دیوانه اگر بودم جهان را به آتش می کشیدم راحت

Easy

This tree trunk is so similar to Xerxes' throne and
this termite to Alexander

If I were crazy, I would have easily burned the world
with this magnifying glass
which is only helpful for reading and writing

Is this called a job?
When I write moon, mah
the fish, mahi, comes to my mind and then the sea
But where do I find a ship
I am not Xerxes. I'm
a poet

If I were crazy, I would have easily burned the world

گزینش

چشم‌اندازي در دوردست
با دو درخت كهن‌سال و
يك كرگدن
كه مانده است
كدام را بكند از ريشه و
كدام را بكند سايه‌بان
براي خوابيدن.

Selection

A view in the distance
with two aged trees and
a rhinoceros
hesitating
Which one should be uprooted and
which one should be shade
for sleeping?

درخت

دور مي‌شوم از درخت
و درخت
شاخ و برگش را مي‌خشكاند و
مي‌ريزد زمين

تنهاي خشك مي‌ماند بر جا از درخت
كه مي‌تواند چوبه‌ي داري باشد
يا تير چراغ برقي
در خياباني بي‌بازگشت
كه قدم مي‌زنم در آن از دور

Tree

I go away from the tree
and the tree
dries its branches and leaves and
drops them to the ground

What remains is the dry trunk of a tree
It can be a gallows
or a light pole
on a street of no return
upon which I walk into the distance

غریبه

چه آسیابي است این که نمي‌چرخد
با این همه آبي که مي‌ریزد بر پره هایش مدام
و چه آسیاباني است این که خوابیده است
زیر درخت
بر تلي از خوشه‌هاي گندمي که مي‌گندد

خوابم را بر هم مزن غریبه
خسته‌اي و دنبال سرپناه مي‌گردي مي‌دانم
اسبت را ببند به درخت و
برو داخل آسیاب و سرت را بگذار روي سنگ
دارم خواب‌هاي خوشي مي‌بینم غریبه
خواب‌هایي خوش:
چه تاج مرصع زیبایي
چه جبه‌ي زربفت ظریفي
درست به قامت من دوخته‌اند انگار

دنباله‌ي خواب‌هایت را ببین پیرمرد
دنباله‌ي خواب‌هایت را
اسبم را بستم به درخت و
دارم مي‌روم داخل
یادت باشد

The Stranger

What mill is this that does not rotate
with all the water pouring constantly on its wheels
and who is this miller that has slept
under the tree
on a mound of rotting wheat

Do not disturb my sleep, stranger
You are tired and search for a shelter, I know
Tie your horse to the tree and
go inside the mill and put your head on a rock
I'm dreaming a sweet dream, stranger
Sweet dreams:
> what a beautifully be-gemmed crown
> what a delicately woven gold cloak
> embroidered for my stature

Continue your dreaming old man
Continue dreaming
I tie my horse to the tree and
go inside
Remember
wake me up early

صبح زود بیدارم کني
سفر دور و درازي در پيش دارم

به همين خيال باش غريبه
به همين خيال
مگر من چه‌ام از تو کم تر است
پير شده‌ام، خوب باشد
مملکتداري تدبير مي‌خواهد غريبه
نه زور و شمشير

I have a long trip ahead

Daydream this way, stranger
Daydream this way
How am I less than you
I am old, so what does it matter
Governing a country needs wisdom, stranger
not force from the sword

خیابان‌ها

از قاب عکس خود بیرون می‌آید افراسیاب و
قدم در شهر می‌گذارد هر روز
بی‌هیچ گذرنامه‌ای

در خیابان‌های شلوغ قدم می‌زند
و به هر گوشه کناری سر می‌کشد
نه دنبال رستم می‌گردد، نه سیاووش
و نه دخترش فرنگیس
که سال‌هاست گیس‌هایش را بریده و
با هیأتی مبدل به گدایی می‌نشیند
سر کوچه و گذرگاه‌ها
پس به دنبال من می‌گردد حتماً
که خودکامه‌اش خوانده‌انم
در شاهنامه.

Streets

Afrasiab comes out from his picture frame and
walks in the city everyday
without a passport
He walks in the crowded streets
and sneaks a peek into every corner

He does not search for Rostam nor Siavush
nor his daughter, Farangis
who has cut her hair for years and
has been begging in disguise
in alleys and passages
Thus, he is certainly searching for me
who has read about his tyranny
in the Shahnameh.

چه خوابی بود این مگر برادران
نه بانگ خروس‌ها بیدارمان کردند و
نه عوعوی سگ‌ها
و حالا هم که بیدار شده‌ایم
انگار خواب می‌بینیم
با این همه ماشینی که ریخته‌اند توی خیابان
هواپیماهایی که ویراژ می‌دهند در آسمان
و این ماهواره‌های سرگردانی
که معلوم نیست از کدام گورستان آمده اند
نه زبان ما را می‌فهمند و نه زخم‌زبانمان را
یلغریز حرف می‌زنند و پرت و پلا می‌گویند:
از عشق
از آزادی

امروز صبح که رفته بودم شهر، نان بخرم
با انگشت نشانم می‌دادند و می‌خندیدند
انگار آدم ندیده بودند اصلاً
نه زبانشان را می‌فهمیدم ونه زخم زبانشان را
موهایشان را بلند کرده بودند و
لباده‌هایشان را کوتاه
تازه پولم را هم قبول نداشتند
می‌گفتند مال عهد دقیانوس است

City

What was this slumber, brothers
that neither the cock's crow nor baying dogs
awoke us
And now that we are awake
it is as if we are dreaming
of all these cars that are scattered in the streets
the airplanes which bend the sky
and these sauntering satellites
no one knows where the hell they are from
They do not understand our language nor our biting tongue
They speak constantly and they gibber:
> of love
> of freedom

This morning when I went to the city to buy bread
they pointed at me and laughed
It was as if they had not seen a human at all
I did not understand their language nor their biting tongue
They grew their hair long
They cut their robes short
They did not accept my money either
They said it belonged to the time long past, to the time of Decius

به خاطر همین هم دست خالي برگشته‌ام
و این قدر خسته‌ام که فقط می خواهم بخوابم و
بقیه‌ي خواب‌هایم را ببینم.

Because of all these, I have come back empty-handed
and I'm so tired that I just want to sleep and
see the rest of my dreams.

ماتادور

این چیچو نیست فرانکوست
باور کنید فرانکوست
با همان اسپانیاي زیبا و
همان میدان گاوبازي
و ماتادورهایي
که همینگوي همه‌اشان را دوست مي‌داشت
لوركا فقط یكي
و فرانکو هیچ یك.
به خاطر همین هم همیشه
ششلول مي‌بست به کمرش
مي‌ایستاد وسط میدان
تا تماشایش کنند.

بي‌چاره نمي‌دانست
مدت‌هاست از ریخت افتاده
و آن قدر کوچك شده است
که زیر ذره‌بین هم دیده نمي‌شود
تا چه رسد به میدان شلوغ گاوبازي و
این همه ماتادورهاي قد بلندي
که قدم مي‌زنند و گاوها را تماشا مي کنند.

Matador

He is not Ciccio, he is Franco
Believe me, he is Franco
in his beautiful Spain with
the bullring
and matadors
that Hemingway liked
Lorca liked just one
and Franco liked none at all

Because of this he always
carried a revolver on his waist
standing in the middle of the bullring
to be gazed upon

But he did not know, poor man,
that he lost his form long ago
and shrank so much
that he cannot be seen even under a magnifying glass
still less in a crowded bullring and
among all these tall matadors
who walk and watch the bulls

انگاری

غلتان غلتان مي‌غلتاند جهان را
سوسك سياه غلتان
و جهان
غلت مي‌خورد از پهلويي به پهلوي ديگر
و گاه كه مي‌ايستد
حشره‌هايي رنگارنگ
از شانه‌ها و شكاف‌هايش بيرون مي‌خزند
و مي‌روند دمي بجنبانند
انگار كه جهان را خودشان مي‌گردانند.

Rolling around, rolling around, it rolls the universe
the black   rolling   scarab
And the universe
rolls
from one side to
another
and when it stops
the colorful insects
crawl from
its shoulders and the rifts
and shake their tails to show off
Supposedly they roll
the universe by themselves.

فرصت

زنگوله‌ها را بسته بودیم به پای خودمان و
بزغاله‌ها را رها کرده بودیم تا
بروند و برای خودشان چرا بکنند در بیابان و برگردند.

غروب که شد
بزغاله‌ها برگشتند با پنجه‌ها و پوزه‌های خونین و
شکم‌های برآمده از پرخوری

صبح که شد
صدای پارس سگ‌ها بیدارمان کرد و
راه افتادیم به سمت صدا و بیابان
همه جا پر بود از لاشه‌ی خونین گرگ‌ها و
علف‌هایی که فرصت نکرده بودند بخورند
پیش از رسیدن بزغاله‌ها.

Chance

We tied the bells to our feet and
set free the baby goats to
wander alone into the wilderness.

When dusk came
the baby goats returned with bloody hooves and muzzles and
swollen bellies

When morning came
the sound of barking dogs woke us and
we followed the sound into the wilderness
The bloody carcasses of wolves lay upon
fields of grass that they did not have a chance to eat
before the baby goats came

میهمانی

جهان خودش آمده بود پیش از من
میز را چیده بود
میوه‌ها را چیده بود
غذاها را چیده بود
و خودش نشسته بود آن بالا

من که آمدم میهمان‌ها یکی یکی از راه رسیدند
و وقتی رفتند همه چیز تمام شده بود
ظرف‌های خالی مانده بود و جهان
زل زده به من و ظرف‌ها
که باید می‌شستم و می چیدم سرجای اولشان
به خاطر همین دعوتم کرده بودند انگار.

The Party

The universe came before me
set the table
arranged the fruits
arranged the foods
and sat at the head of the table

When I arrived, the guests
came one by one
When they left, everything was gone
but he empty dishes and the universe
gazed at me and the dishes
that I had to wash and
put away
Supposedly, that was why they had invited me

قلب

نارنجك است این نارنجك
ضامن‌اش را بكشم منفجر می‌شود خلاص
نترس تا مردم بیایند و ببینندچه شده است
فرسنگ‌ها دور شده‌ایم از اینجا در هوا

حالا نزدیك‌تر بیا نزدیك‌تر
سرت را بگیر بالا و سینه‌ات را
بچسبان به نارنجك
درست مثل من
می‌خواهم وقتی ضامن‌اش را می‌كشم
تپش قلبت را حس کنم
درست کنار قلب خودم.

The Heart

It is a grenade, this grenade
If I pull its pin, it explodes, it is relieved
Do not be scared. By the time the people notice
what has happened
we will have vanished from their sight
gone miles from here, disappeared into the air
Now, come closer, closer
Raise your head and press
your chest to the grenade
just like me
When I pull the pin
I want to feel your heart beat
right near my heart.

میوه

این باغ را خود من کاشته‌ام مي‌بيني
وارونه
حالا ریشه‌ها مي‌توانند بي‌واسطه
گفتگو کنند با خورشید و ماه
و ستاره‌هایي که اگر فرود بیایند
درست روي ریشه‌ها مي‌نشینند
نه فرستاده‌اي نیاز دارند ونه پیام آوری
تو فقط به فکر میوه‌هایي باش که باید بچینیم .

Fruit

I have planted this garden by myself. You can see
it is upside down
Now the roots can directly
communicate with the sun and the moon
And the stars, if they land
rest on the roots
They do not need a messenger nor a prophet
Just think about the fruits which we must pick

گنج

تمام شب
پيرزني يك دست
يك پاي و
يك چشم
با تبري در دست
در خواب‌هايم قدم مي‌زند و
خاطره‌هايم را زير و رو مي‌كند
به دنبال جواني‌اش مي‌گردد
درست مثل من
كه سال‌هاست به دنبال تبرم مي‌گردم.

The Treasure

All night
a one-handed
      one-footed
      one-eyed old lady
holding an axe
marches in my dreams and
rummages through my memories
She is searching for her youth
exactly like me
searching for my axe for years.

اکنون

و اسب باید درست همین جا ایستاده باشد
پشت درخت
میان علفزار

گفته بودم که بایستد تا برگردم.
اکنون اما به هر طرف نگاه می‌کنم
بیابان است تا چشم کار می‌کند
خشک و لم‌یزرع

گفته بودم که بایستد
به گوشش گفته بودم به نجوا
هرچند کسی نبود که بشنود
با این همه به نجوا گفته بودم
پشت درخت
میان علفزار

گفته بودم
و فکرش را نکرده بودم که درخت بشنود و علفزار
و بیابانی که تا چشم کار می‌کند
خشک است و لم‌یزرع

And Now

And the horse should stand right here
behind the tree
in the grassland

I told him he had to stay there until I came back.

And now, as I look into every corner
there is wilderness as far as the eye can reach
dry and barren

I told him he had to stay there
I whispered into his ears
Even though nobody was there to hear
Still, I whispered
behind the tree
in the grassland

I told him
and I did not think the tree, the grassland
and the wilderness, dry and barren as far as the eye can reach,
could hear

گذشته‌ها

نه این شیرها به شیر مي‌مانند و

نه این عقاب‌ها به عقاب و

نه این جوجه‌تیغي‌ها به جوجه‌تیغي

این شیر عقاب جوجه‌تیغي‌هایي

که از گذشته‌هاي باشکوهشان

فقط همین نام برایشان مانده است و

همین هیأت به ظاهر وحشي.

رهایشان بکنند اگر

همین جا دور خودشان مي‌چرخند

تا از گشنگي بمیرند و از تشنگي

جهان را از یاد برده‌اند بي‌چاره‌ها و آزادي را

به خاطر همین هم از من مي‌ترسند و

هم از سایه‌ام

و شعرهایم را نخوانده پرت مي‌کنند گوشه‌اي و

مي‌روند چرتي بزنند گوشه‌ي قفس و

به گذشته‌هایي بیندیشند که نداشتند.

The Past

No these lions are not like lions
no these eagles are not like eagles and
no these porcupines are bit like porcupines
From their glamorous past
only their outwardly wild appearance
and the names of these lions, eagles, and porcupines
are left.

If they are set free
they circle themselves
and die from hunger and thirst
These poor animals have forgotten the universe and
their own freedom
Because of this they are afraid of me
and my shadow
They throw out my poems unread and
go take a nap in the corner of the cage and
think about the pasts they never had

میدان‌گاه

این دروازه را از جا مي‌كَنم و
مي‌گذارم روي خندق
تا مردم از آن بگذرند
حالا تو هي بگرد به دور خودت و
برج و بارويي كه ساخته‌اي.
تمام اين خيابان‌ها
به ميدان‌گاه بزرگ شهرختم ميشوند
وتمام اين مردم

از پرسه زدن به دور برج و بارويت كه خسته شدي
بيا برويم به ميدان‌گاه
دست و پنجه‌اي نرم بكنيم
به رسم گذشته و داستان‌هايي كه خوانده‌اي.

Square

I dug out this gate and
put it over the ditch
for the people to cross
Now just circle yourself around
the tower and the ramparts you have built.

All these streets end in the big city's square as do
all these people

When you are tired of wandering around your tower and your ramparts
come with me to the square
to be tested in combat
as in the old tradition and the stories you have read

راز

و از تمام باغ
تنها این صندلي برایم مانده است و این میز
و همین صندوق سیاه خالي
پس هر روز روي صندلي مي‌نشینم، پشت میز
و کلمه‌ها را یکي‌یکي احضار مي‌کنم و محاکمه
به اسم خودم که مي‌رسم اما
تبصره‌اي مي‌تراشم و
محکومیت اش را به عقب مي‌اندازم
و بعد سري مي‌زنم به گلدان پشت پنجره و
چشم مي‌دوزم
به درختي که تازه کاشته‌ام

و این همان رازي است
که گفته بودم روزي افشایش مي‌کنم.

Mystery

And from the entire garden
only this chair, this table, and this empty black chest
have been left behind for me
So every day I sit on the chair at the table
summon and prosecute the words one by one
But when I get to my name
I make an excuse and
I postpone its condemnation
And then I go and check the vase behind the window and
gaze at
the tree that I recently planted

And this is the same mystery
that I told you one day I would reveal.

یادگاری

شبیه عکس من که می‌خندي
آفتاب از درخت پایین می‌آید
تا عکسی بگیرد یادگاري با ما
درخت هم خم می‌شود تا در کادر بیفتد.

عکس را که ظاهر می‌کنیم
من نیستم
تو نیمه‌کاره‌اي
و آفتاب شبیه ماه شده است و
درخت بیرون کادر است
فقط سایه‌اش نیمي از کادر را پوشانده است

و این تنها عکس یادگاري ماست
پیش از آنکه فیلت یاد هندوستان بکند و
بروي سفر ظلمات و آب حیاتي
که ته‌اش را من قبلاً بالا آورده‌ام.

Memento

As you laugh like my image in the photograph
the sun comes down from the tree
to take a picture with us as a memento
and the tree bends to be in the frame.

When we develop the photo
I am not there
you are partly
and the sun has become like the moon and
the tree is gone
but its shadow covers half the frame

This picture is our only memento
before you relapse into a longing for your motherland and
go through the gloom in search of the water of life
which I have already completely consumed.

دوراهی

کسي در اين تاريکي تو را نمي‌شناسد
کورمال کورمال پيش مي‌روي
تا برسي به تختي شکسته
کسي به استقبالت نمي‌آيد
جز شپش‌ها و ساس‌ها و جيرجير استخوان هاي تختي
که پيش از تو پذيراي ميهمانان بي‌شماري بوده است
حالا در اين تاريکي فرصت داري برگردي سر دوراهي وبينديشي
به راهي که نرفتي
و پايان سفري که در انتظارت بود.

Junction

Nobody knows you in this darkness
You go forward groping
until you arrive at a broken bed
Nobody welcomes you
except lice, bedbugs, and the chirp of the bones of the bed
that has welcomed countless guests before you

Now, in this darkness, you have time to go back to the junction and
    think
about the way you have not gone
and the ending of the trip that was waiting for you

بی‌خانمان

نه، این گورستان آنقدر دلباز نیست که من بپسندم
با این مجسمه‌هایي که کاشته‌اند دورها دور خیابانهاش و
این نقاشي‌های رنگ و رو رفته‌ی کج و معوج آویخته بر دیوارها
برگرد برویم
گورستان که قحط نیست
این قدر ده و دهکوره در این ولایت هست
که پناه دهند به جنازه‌ي بي‌خانماني مثل من
تو فقط نعش کشت را روشن کن و راه بیفت

لازم نیست
تو فقط دراز بکش و بمیر
من خودم راهم را بلدم

حالا بگذار این آخري را بخوانم و بعد

نه از اول صبح تا حالا این قدر شعر خوانده‌اي
که سرسام گرفته‌ام

تقصیر من چیست که نعش کشت قراضه است و
چرخ‌هایش مي‌لنگد
سرسام که جاي خود دارد

Homeless

No, this graveyard is not so pleasant
with statues along the sides of its roads and
faded distorted paintings hung on the walls
Let's go back
There is no shortage of graveyards
There are so many villages and hamlets in this county
that give shelter to the corpses of a homeless man like me
You just start your hearse and go

Stop the nonsense
You just lie down and die
I myself know my way

Let me read this last one and then…

No, since morning you have read so many poems
that made me delirious

It is not my fault that your hearse is broken
and its wheels are limping
No surprise for delirium

کاري نکن که پياده‌ات کنم اينجا وسط بيابان و بروم
دنبال مشتري ديگر
مرده که قحط نيست

اما اين آخري خيلي فرق دارد
از تو هم نام برده‌ام
و گفته‌ام که چقدر دست به فرمانت عالى است

بگذار به کارم برسم
هرچه زودتر بايد تحويلت بدهم و برگردم
مگر نديدي که چقدر جنازه صف کشيده بودند به نوبت

و تو فقط من را انتخاب کردي
گفتي که گورستانش خصوصي است
دنج است و دورافتاده
و مي‌شود عمري راحت دراز کشيد و خوابيد

گفتم ولي نمي‌دانستم اين قدر کج‌سليقه‌اي و بداخلاق
گرنه سوارت نمي‌کردم
و مي‌گذاشتم همانجا بماني و بگندي

Do not do anything to make me leave you here in the middle of the
        desert
to take care of another customer
There is no shortage of dead people

But this last poem is different
I have talked about you too
and have told them you are an expert at the wheel

Let me do my job
I have to deliver you as soon as possible and go back
Have you not seen how many corpses were in line

You chose me
You told me the graveyard is private
It is cozy and remote
and for ages one can lie down and sleep

I told you but I did not know you were ill-tempered and had no taste
Otherwise, I would have left you
to rot

همان اول هم كه گفتم هر گورستاني را نمي‌پسندم
به خاطر همين هم هست كه جنازه‌ام را
سال‌هاست به دوش مي‌كشم

تو فقط دراز بكش و بمير
شعر هم پيشكش ات خودم كارم را بلدم
قول مي‌دهم تمام ولايت را كه شده بگردم
تا برايت گورستاني راحت پيدا كنم

گورستاني دنج و دلباز
با چند درخت سرو و
چند بوته‌ي گل سرخ و
يك باريكه آب جاري
كه وقتي مي‌خوابم برايم لالايي بخواند
نه مثل اين گورستان
با اين مجسمه‌هايي كه كاشته‌اند دورها دور خيابانهاش و
اين نقاشي‌هاي رنگ و رو رفته‌ي كج و معوج آويخته بر ديوارها

I told you at the beginning I do not like every graveyard
That's why I have carried my corpse
on my shoulders for years

You just lie down and die
Keep the poem as a gift for yourself, I know my job
I promise I will search everywhere
to find a comfortable graveyard for you

A cozy and pleasant graveyard
with a few cypress trees and
some bouquets of red roses and
a small stream
to sing lullabies when I sleep
not like this graveyard
with statues along the sides of its roads and
faded distorted paintings hung on the walls

Notes

"Kolang" – In Farsi, *kolang* has several meanings. In "Kolang," this word represents both a pickax and the common crane. Since such a homonym does not exist in English, the original Farsi word is used to show the harmony of the verses

"Before" – In the original version of this poem, the poet plays with the word *shaneh*. This is another homonym in Farsi and is translated as both "shoulder" and "comb." Also, the use of "snake" makes reference to the tale of Zahhak in the *Shahnameh*, the national epic of Iran composed by the poet Ferdowsi in the late 10th and early 11th centuries. In this tale, Eblis, an evil counselor, kisses the shoulder of Zahhak, the king. Two black snakes then begin to grow from his shoulders. These two snakes are kept from taking the life of Zahhak by being fed human brains. Zahhak, thus, in Persian literature, is a symbol of evil and usually uses of the word snake make reference to Zahhak.

"Again" – The word "star" references not only the night sky but also the "star ranks" in the military showing hierarchical relationships in the armed forces. The metallic star pinned on the shoulders of commanders shows their rank.

"Target" – The word *"ciblé"* is a French word and it means target in English. The pronunciation and spelling of this word is very close to the word *sibile* in Farsi, which means mustache. The use of *–ha* as a suffix in Farsi denotes pluralization.

"Hoopoe" – Again the homonym *shaneh* is utilized. Hoopoe, a bird, is called *shaneh be sar* in Farsi, which literally means "comb on head." Also, having a comb on head is a reference to a king's throne. The rain of stars also is also a reference to "star ranks" in military forces. Chameleon in Farsi is *aftab parast* (literally "sun worshipper") which is a reference to an animal and also the people who worship the sun. "Count and jump" is also a sign of childhood evoking memories of children who play hopscotch.

"Prologue" – This poem is about Anna Akhmatova and her poem "Prologue." Akhmatova (1889-1966) was born in Odessa, Ukraine on the Black Sea coast. She experienced living in the period of the czars, the Russian Revolution, the rule of Stalin, and the later Soviet Union. "Prologue" is one of the poems that Akhmatova wrote when her son was in prison. "Nikolas' Samovar" in addition to referring to the name of Akhmatova's husband Nikolas, refers to Czar Nikolas II (the last czar of Russia), and also to a brand of samovar in Iran which was very popular in the 1950's.

"Sign" – This poem refers to the execution of the last Abbasid Caliph, Al-Musta'sim Billah put to death on the orders of Hulagu Khan. They wrapped him in a rug made of felt and trampled him with horses and men until he was dead. This poem also refers to the process of making felt in Iran.

"Lost" – The graveyard has been divided into three sections: the section for children, for the young, and for the elderly.

"Wares" – This poem plays with the mythology of Fereydun and how he divides Iran between his three sons.

"Bitter" – Zayandeh Rud is the name of a river in Isfahan in Iran. This river flows under the famous Siosepol Bridge which has thirty-three arches. The poet has spent a couple of years in the city when he was a student and he is referring to the memories of that period.

"The Train" – This poem references Linda J. Nicholson's *The Play of Reason from Modern to Postmodernism,* published in 1999 by Cornell University Press. It is a book about the history and the philosophy of postmodernism, and here it has an accidental harmony with the train, especially "unwise train." Meanwhile, the word "red" refers to *Aql-i Surkh* (*The Red Intellect*) by Shahab al-Din Suhrawardi who was a philosopher and Sufi who lived between 1155-1191.

"Pitiful" – This poem refers to the Iranian folktale of the leopard and the moon in which a leopard sees the moon behind the window and decides to capture it. When it goes to catch the moon, it falls and dies.

"The Stars" – Minab is a city in Hormozgan province in the southern part of Iran, famous for its lemons.

"Coffee" – Buin Zahra is a county in Qazvin Province in Iran. The Buin Zahra earthquake of September 1962 caused 12,225 fatalities.

"Bam, Kerman Province" – Bam is a city in Kerman Province, Iran. The ancient citadel of Arg-e Bam has a long history dating back around 2,000 years ago, to the Parthian Empire (248 BC–224 AD), but most buildings were built during the Safavid dynasty. The 2003 Bam earthquake was very massive and destructive. The city was destroyed. 26,271 people died and 30,000 were injured.

"Identity" – Ferdowsi (940-1020) was a very famous Persian poet who wrote the *Shahnameh*, the most significant work of Persian literature. This book is the national epic of Iran. Ferdowsi spent thirty years of his life writing this book. Sultan Mahmud of Ghazni (971-1030) was the most prominent ruler of the Ghaznavid Dynasty in Iran. Ghazna is a city in central-eastern Afghanistan. It was the capital of the Ghaznavid Empire. Zoroastrianism categorizes six main archangels. One of these winged angels, frequently, was used on Persian royal inscriptions as a sign of divine authority. Sohrab is the son of Rostam, the most important warrior in the *Shahnameh*. Sohrab was killed by his father's hands, and only after his death did Rostam realize that he had killed his own son. Esfandiar is a legendary Iranian idol, and he is the son of King Goshtasp. In the *Shahnameh*, the battle of Rostam and Esfandiar is the longest episode. Sudabeh is a female character in *Shahnameh*. She is the wife if the king Kavus and the step-mother of Siavash. She has a crush on her stepson, but since Siavash is pure and honest, her betrayal does not work. Shams-ol-Emareh (Edifice of the Sun) is a very famous building in Tehran. It was built in 1867.

"Bridge" – This poem is referring to Pol-e Dokhtar which means Bridge of the Daughter. This bridge is located in the city of Pol-e Dokhtar in Lorestan Province, in the south-east of Iran. This bridge is probably named after a daughter of the builder of this bridge, the Sasanian king Shapur I (241-272).

"Play" – The lotus tree in Farsi is *konar*, and the poet is playing with the words *konar* and *kenar* which means near, next, bank. These words are homographs.

"Insane" – This poem is referring to the characters from yet another story. Zoleikha is a woman who fell in love with Yusef in Egypt. Cleopatra was the last pharaoh of Ancient Egypt. She was very pretty and bewitched some of the most powerful men in history to protect her country. Gheiss is Majnoon (a mad man) who fell in love with Layli. Their story is in a poem by Nizami Ganjavi a famous Iranian poet (1141-1209). It is titled "Layli and Majnoon." In fact, the story has an Arabic origin. In "Insane" the poet says that a poet is like Majnoon, a mad man.

"Easy" – Xerxes attacked Greece from the sea and termites ate his throne. Alexander attacked Iran and burned everything.

"The Stranger" – This stranger is Yazdegerd III, the last king of the Sassanid dynasty of Iran, who was killed by a miller.

"The City" – The time of Decius is refers to the time of Trajan Decius who was Roman Emperor from 249 to 251. This poem also refers to the story of "The Seven Sleepers of Ephesus," which is referred to in Farsi as "Dastan Ashab Kahf." In this story, there is a group of Christian youths who hide inside a cave outside the city of Ephesus around 250 AD, to escape a persecution of Christians being lead during the reign of the Roman emperor Decius.

"Streets" – According to *Shahnameh* (Book of Kings), by the Persian poet Ferdowsi, Afrasiab was the king and hero of Turan and an archenemy of Iran.

"Matador" – This poem refers to the Italian comedy *Ciccio and Franco* and also to dictator Francisco Franco who ruled Spain from 1939 to 1969. Spanish poet Garcia Lorca wrote, "Lament for the Death of a Bullfighter" about matador Ignacio Sanchez Mejias. Ernest Hemingway's in *Death in the Afternoon,* takes as its subject the ceremony and traditions of Spanish bullfighting.

"Supposedly" – Scarab beetles are famous for their habit of rolling balls of dung for the purposes of eating and laying eggs. According to ancient Egyptian myths, the sun (Ra) rolls through the sky each day and changes bodies and souls. The scarab was seen as an earthly symbol of this heavenly cycle.